BEI GRIN MACHT SICH IHR WISSEN BEZAHLT

AF154646

- Wir veröffentlichen Ihre Hausarbeit,
  Bachelor- und Masterarbeit

- Ihr eigenes eBook und Buch -
  weltweit in allen wichtigen Shops

- Verdienen Sie an jedem Verkauf

Jetzt bei www.GRIN.com hochladen
und kostenlos publizieren

Matthias Warkus

Hugo Dingler: Die Ergreifung des Wirklichen

GRIN Verlag

Bibliografische Information der Deutschen Nationalbibliothek:

Die Deutsche Bibliothek verzeichnet diese Publikation in der Deutschen National-
bibliografie; detaillierte bibliografische Daten sind im Internet über http://dnb.d-
nb.de/ abrufbar.

Impressum:

Copyright © 2003 GRIN Verlag GmbH
Druck und Bindung: Books on Demand GmbH, Norderstedt Germany
ISBN: 978-3-640-11163-3

Dieses Buch bei GRIN:

http://www.grin.com/de/e-book/19724/hugo-dingler-die-ergreifung-des-wirklichen

Philipps-Universität Marburg, FB 03 (Institut für Philosophie); SS 2003
PS: Warum passt die Mathematik auf die Natur? (Prof. Dr. Peter Janich)

Ausarbeitung des Referates zu:
Hugo Dingler: Die Ergreifung des Wirklichen[1]

Matthias Warkus (2. FS)

16. Oktober 2003

1 Vorbemerkungen

1.1 Zur Biografie Hugo Dinglers

Hugo Albert Emil Hermann Dingler wurde am 7.7.1881 in München geboren und besuchte das Gymnasium in Aschaffenburg. Er studierte in Erlangen, München und Göttingen Philosophie, Mathematik und Physik, promovierte 1906 in München, wurde dort 1912 Assistent und 1920 schließlich Professor.

Der Ruf an die TH Darmstadt 1932 blieb nur ein kurzes Intermezzo, da Dingler seinen Lehrstuhl schon 1934 aus politischen Gründen wieder aufgeben musste. Es ist davon auszugehen, dass hierfür sein dezidiert prosemitisches Werk »Die Kultur der Juden«[2] zumindest mitverantwortlich war.

Im Anschluss war Dingler in München lehrbeauftragt und äußerte für den Rest der Zeit des Nationalsozialismus in erheblichem Maße regimetreue und antisemitische Ansichten, war angeblich sogar ein »Theoretiker der sogenannten deutschen Physik«[3].[4]

Hugo Dingler war hierdurch eine geringere Bedeutung beschieden, als er sie verdient hätte; wenn er nach dem Zweiten Weltkrieg überhaupt Beachtung fand, dann auf Grund seiner politischen Entgleisungen. Seine Wissenschaftstheorie, die als Grundlegung des methodischen Konstruktivismus Erlanger Schule gelten kann, ist jedoch naheliegenderweise völlig unpolitisch und ihre Rezeption sollte daher von Dinglers Ansichten, seien sie nun Überzeugung oder auch nur

---

[1] DINGLER, HUGO, Die Ergreifung des Wirklichen. Kapitel I-IV. Frankfurt am Main: Suhrkamp Verlag, 1969.

[2] Vgl. LORENZ, KUNO/JÜRGEN MITTELSTRASS, Die methodische Philosophie Hugo Dinglers. In: Hugo Dingler: Die Ergreifung des Wirklichen. Frankfurt am Main: Suhrkamp, 1969, S. 7, Fußnote 1.

[3] A. a. O., S. 7.

[4] Bemerkenswert hierzu Dinglers Bemerkung (aus dem Jahre 1953!) zu einer der zentralen Formeln der durch die 'Deutsche Physik' am schärfsten angegriffenen 'jüdischen' Theorien, nämlich Einsteins Relativitätstheorie: »So stellt z. B. das 'Gesetz' $E = m \cdot c^2$ eine z. Z. praktische Faustregel dar, trotzdem es den Grundbegriffen der I. W. [Idealwissenschaften] widerspricht (...). Aber diese Regel kann niemals ein Grundgesetz sein.« (DINGLER, S. 218) Es fällt schwer, sich hier aller Spekulation über die Motivation dieses Satzes zu enthalten.

opportunistische Fassade zur Rettung seiner Karriere im gleichgeschalteten nationalsozialistischen Wissenschaftsbetrieb, ungetrübt bleiben.

Dingler starb am 29. 6. 1954 in München.[5]

1.2 Stellung und Bedeutung des Texts in Dinglers Werk

»Die Ergreifung des Wirklichen« wurde 1953 kurz vor dem Tod des Autors fertiggestellt und konnte somit nur noch posthum (1955) erscheinen. Das Werk wurde vielleicht schon unter den Vorzeichen des näherrückenden Lebensendes verfasst; auf jeden Fall handelt es sich um eine kompakte Zusammenfassung von Hugo Dinglers Erkenntnis- und Wissenschaftstheorie.

Dieses Referat wurde gehalten in einer Veranstaltung namens »Warum passt die Mathematik auf die Natur?«. Besondere Berücksichtigung erhielten demzufolge die Kapitel I und II, in denen die verwendete Methodologie dargelegt und anschließend die vier sogenannten Idealwissenschaften beschrieben werden, auf denen nach Dinglers Ansicht jede vollbegründete Wissenschaft aufbauen muss, und zu denen auch erhebliche Teile dessen, was traditionell Mathematik genannt wird, gehören. Den Inhalt der Kapitel III und IV werde ich nicht ausführlich referieren, sondern nur hier und dort anschneiden, wo es die Argumentation verlangt.

2 Argumentation im Text

2.1 Gestecktes Argumentationsziel

Dingler gibt in seinen »Begrifflichen Vorbemerkungen«[6] gleich zu Anfang sein Ziel an: Es geht um »echte Beweisbarkeit«[7], um die »prinzipielle Bereitstellung von Unterlagen, die hinreichend sind, eine Aussage vollbegründet zu gewinnen«[8], ja sogar um »einen solchen Beweis, der überhaupt keinen Raum für irgend einen Zweifel mehr übrig lässt«[9].

Dieses Ziel ist also durchaus hoch gegriffen: Es soll ein Verfahren gezeigt werden, Aussagen auf so sichere Füße zu stellen, dass das zu Grunde liegende

---

[5]Nicht gesondert genannte Quellen zur Biografie: PHILOSOPHISCHES ARCHIV DER UNIVERSITÄT KONSTANZ, Bestände: Sammlung Hugo Dingler. ⟨URL: http://www.uni-konstanz.de/FuF/Philo/philarchiv/bestaende/Dingler.htm⟩ – Zugriff am 2003-09-03, STADT ASCHAFFENBURG, Menschen: Hugo Albert Emil Dingler. ⟨URL: http://www.aschaffenburg.de/wDeutsch/tourismus/menschen/details/dingler_hae.php⟩ – Zugriff am 2003-09-03.

[6]Vgl. DINGLER, S. 59-69.

[7]A. a. O., S. 59.

[8]A. a. O.

[9]A. a. O., S. 64.

System von jedermann akzeptiert werden muss. Angewandt wird dieses Verfahren im Folgenden hauptsächlich auf die Aussagen der Naturwissenschaften; die »Ergreifung des Wirklichen« geht jedoch über dieses wissenschaftstheoretische Kernanliegen streckenweise weit hinaus.

2.2 Methodologische Forderungen

Das Dinglersche Verfahren kann in der Sprache des Autors der »systematische, vollbegründete Aufbau« genannt werden. Er vollzieht sich dabei nach zwei Ordnungsprinzipien, dem pragmatischen und dem logischen.

2.2.1 Vollbegründetheit und der Aufbau

Aufbau nennt Dingler das System auseinander hervorgehender Folgerungen, in dem sich eine Aussage oder Theorie gründet. Bereits die Wahl dieses Wortes, das einerseits Substantiv, andererseits substantiviertes Verb ist, weist darauf hin, dass der Prozesscharakter des Aufbaus entscheidende Bedeutung hat; wortspielerisch ließe sich sagen, dass Dinglers methodologische Forderungen Regeln für den Aufbau des Aufbaus liefern.

Der Aufbau wird erst dadurch gerechtfertigt, dass er korrekt aufgebaut worden ist. Um weiter auch noch als vollbegründet gelten zu können, muss er in einem Nullpunkt ruhen, »auf dem (...) überhaupt nichts behauptet werden darf und kann«[10]: Um etwas voll zu begründen, muss es durch einen kunstgerechten Aufbau untermauert werden, der mit den Füßen im Apriorischen steht. (Zur Natur des Nullpunktes siehe Abschnitt 2.3.)

2.2.2 Die Prinzipien der pragmatischen bzw. logischen Ordnung

Die erste methodologische Regel, der sich ein Aufbau zu unterwerfen hat, ist das *Prinzip der logischen Ordnung*. Es verlangt, einem Satz nichts vorauszusetzen, was erst aus ihm hervorgeht, und ist mithin die Forderung der Zirkelfreiheit. Noch allgemeiner ist das *Prinzip der pragmatischen Ordnung*. Nicht nur das logische Schließen, sondern überhaupt alles Handeln, das zum Teil eines Aufbaus werden soll, darf keine seiner eigenen Produkte zur Voraussetzung haben.[11]

Das Prinzip der pragmatischen Ordnung schließt jenes der logischen Ordnung in sich ein, da auch logisches Schließen nur Handeln ist. Die Zusammenfassung beider Prinzipien zum *Prinzip der methodischen Ordnung*, wie sie später vorge-

---

[10]DINGLER, S. 66.
[11]Vgl. a. a. O., S. 65f., 77.

nommen worden ist[12], liegt hier bereits nahe.

Bedeutend ist, dass die Ordnungsprinzipien eine Gerichtetheit des philosophi-schen Begründens verlangen; sie definieren die Relationen 'pragmatisch vor' und 'pragmatisch nach'[13]. Eine Theorie ist nur vollbegründet, wenn sie sich auflö-sen lässt in pragmatisch Vorausgehendes, wofür natürlich wieder dasselbe gelten muss. Um dies zu prüfen, ist ein vollständiger Rekurs zum Nullpunkt und ein schrittweiser Aufbau von dort zurück zur Ausgangserkenntnis notwendig.[14]

Die Forderung nach methodischer Ordnung impliziert somit bereits das Ver-fahren der von Dingler betriebenen, aber noch nicht so genannten *methodischen Rekonstruktion*[15].

2.3 Wille und Handeln als Anfangspunkt

Das skizzierte Verfahren verlangt nun nach einer klaren Festsetzung des genann-ten Nullpunktes, da die Rekursion sonst zu früh oder überhaupt nicht abbricht (entsprechend den Szenarien 'dogmatischer Abbruch' bzw. 'infiniter Regress' des Münchhausen-Trilemmas).

Dieser Nullpunkt ist als einzig »unhintergehbar Reales«[16] das aktive Handeln. Tut jemand etwas, so ist dies unbezweifelbar wirklich und gegenwärtig. Jedes Betrachten des Tuns verlangt, sich außerhalb dieses Tuns zu stellen ('hinter es zu gehen', daher 'Unhintergehbarkeit') und ist damit schon kein Teil mehr davon, folgt also pragmatisch nach dem Handeln selber.

Das aktive Handeln ist also ein Punkt, an dem von nichts gesprochen wer-den kann, und demgegenüber jede Reflexion sekundär ist. Zweifeln am Handeln würde Zweifeln an allem bedeuten, das Handeln kann mithin als das schlecht-hin Gegebene gelten. Versprachlicht werden kann das Handeln als Nullpunkt eines in Sätzen zu fassenden Gedankengangs durch *Aufforderungen* (bei Dingler »operative Sätze, kurz O-Sätze«[17]): Diese verlangen keine Begründung, keinen Beweis.

Im Handeln nimmt also der Aufbau seinen Anfang. Es gründet sich im *Willen*, der, so wie man stets nur eine Handlung gleichzeitig aktiv ausführen kann, zu jedem Zeitpunkt nur eines aktiv wollen kann.[18] Wille und Handlung bilden eine Einheit, und nichts außer ihnen kann für a priori genommen werden. Man kann

---

[12]Vgl. JANICH, PETER, Logisch-pragmatische Propädeutik. Ein Grundkurs im philosophischen Reflektieren. Weilerswist: Velbrück Wissenschaft, 2001, S. 55.

[13]bzw. 'logisch vor/nach', 'methodisch vor/nach'

[14]Informatisch gesprochen kann der Nullpunkt als Abbruchbedingung einer Endrekursion ('tail recursion') gesehen werden.

[15]Vgl. a. a. O., S. 69-71.

[16]DINGLER, S. 76.

[17]A. a. O., S. 77f.

[18]Vgl. a. a. O., S. 77.

von einem 'Willens-' oder besser 'Handlungsapriori' sprechen. Wie Descartes'
Cogito steht ein ungeschriebenes 'Ich will und handle, also bin ich' Dinglers
Werk voraus.

> Das Ich, d. h. das Bewußtsein, der Wille und seine Funktion des
> Denkens ist ebenso primär *einfach* da, wie das Unberührte einfach
> da ist.[19]

2.4 Das Unberührte, Innen- und Außenwelt

Über alles andere ist noch nicht gesprochen worden. Alles andere ist pragmatisch
sekundär. Der Handelnde definiert in der Gegenwart des Handeln das Jetzt[20]
und durch das Handeln selber das Ich[21].

Alles andere steht dem handelndem Ich als noch unerschlossen gegenüber;
Dingler nennt dieses 'Alles-Andere' das »Unberührte«[22]. Jede Hypothese, jedes
Schließen, jedes Handeln, ja schon jedes Fragen ist ein Hinzufügen geistiger
Konstruktionen zum Unberührten.

Deutlich wird das in den zahlreichen angeführten Beispielen unter anderem
zur Bewegung von Objekten[23] und zum einäugigen Sehen[24]. Die Bewegung eines Objektes ist im Unberührten einfach da; die Frage nach einer Zeitachse,
nach einem räumlichen Bezugssystem, nach der Unendlichkeit der durchlaufe-
nen Raumpunkte (hierzu wird naheliegenderweise Zeno von Elea angeführt),
stellt sich im Unberührten nicht. Genauso ist es im Unberührten nicht rätsel-
haft, warum das Abschätzen von Entfernungen, das Kennen der räumlichen
Ausdehnung und Struktur von Gegenständen auch mit einem zugehaltenen Au-
ge möglich ist – das Rätsel ergibt sich erst, wenn die zahllosen Hinzufügungen
gemacht werden, die die Theorie vom stereoskopischen Sehen ausmachen.

Diese Hinzufügungen beginnen dabei schon mit der Annahme, dass es eine
äußere Welt aus realen Gegenständen, die Licht zurückwerfen, gibt, und dass
wir dieses reflektierte Licht mit unseren Augen einfangen! Dass wir materiell
von der Umwelt geschiedene Wesen sind, die sich in einer von ihnen unabhän-
gigen Realität bewegen, ist bereits Konstrukt. Es wird daher auch nicht vom
Wahrnehmen, sondern vom 'Haben' des Unberührten gesprochen, da der Begriff 'Wahrnehmung' bereits eine Trennung in einen Wahrnehmenden und etwas
Wahrgenommenes impliziert.

---

[19]DINGLER, S. 255 (Hervorhebung im Original).
[20]Vgl. a. a. O., S. 75f.
[21]Vgl. a. a. O., S. 78f.
[22]A. a. O., S. 80.
[23]Vgl a. a. O., S. 82f.
[24]Vgl a. a. O., S. 83f.

Es nimmt nicht Wunder, dass Dingler eine rein subjektive und ohne zusätzliche Annahmen auskommende Definition von 'Innenwelt' und 'Außenwelt' gibt: Außenwelt besteht aus Gegenständen, deren Fülle unbegrenzt ist, also deren Menge an aufnehmbaren Details sich mit besserer Beobachtung unbegrenzt steigern lässt; Innenwelt ist alles andere.[25]

Die Abgrenzung Innenwelt-Außenwelt ist dabei schon eine erste Hinzufügung zur Abgrenzung Ich-Unberührtes. Dass auch Teile, sogar große Teile, der Innenwelt zum Unberührten gehören, dürfte sich aus den Erkenntnissen der Psychologie, ja schon aus der bloßen Notwendigkeit einer Psychologie, selbstverständlich ergeben.

2.5 Der Dinglersche Ideenbegriff

Der Kern der »Begrifflichen Vorbemerkung«, die Dingler seinem Werk voranstellt[26], ist eine Definition seines Ideenbegriffs.

Eine Idee (ein Allgemeinbegriff) ist danach etwas Unanschauliches, was real nie existieren kann; sie wird gebildet durch Absehen von den Bestimmungen einer Menge realer Objekte, die ihnen nicht gemeinsam sind. Die Idee des Dreiecks ist somit die Schnittmenge der Eigenschaften, die alle Dreiecke gemeinsam haben. Ideen haben somit stets endlich viele Eigenschaften, also begrenzte Fülle, und müssen zur Innenwelt gehören[27].

Damit ergibt sich die einfachstmögliche Idee, die Idee von Etwas: Ein Begriff ohne jede Bestimmung. An diese Idee wie an alle anderen wird nun die Forderung der *Realisierbarkeit* gestellt, und zwar nicht nur der einfachen, sondern der unendlich feinen: Zu jeder Idee gehört eine potenziell unendliche Reihe von immer genaueren *Realisaten*. Der Ideenbegriff ist damit auf das Handeln zurückgeführt: Eine Idee lässt sich sprachlich beschreiben als eine Anweisung zu ihrer Realisation, die stets eine weitergehende Verbesserung der Umsetzung zulässt. Dies nennt Dingler »Prinzip der konvergenten Genauigkeit«[28].[29]

Bereits die Idee des Etwas lässt sich in der geforderten Form realisieren: Das Etwas zeichnet sich durch Verschiedenheit aus, durch eine Grenze, die beim Herstellen eines Etwas beliebig scharf gezogen werden kann.

---

[25]Vgl DINGLER, S. 74f.
[26]Vgl. a. a. O., S. 59ff.
[27]Vgl. a. a. O., S. 110.
[28]A. a. O., S. 116.
[29]Die Körnigkeit der Materie, die man als Grenze der Realisierung von Ideen im Materiellen ansehen könnte, ist bei näherer Betrachtung keine solche: Elementarteilchen aller Art sind letztlich Konstrukte zur Erklärung bestimmter Vorgänge und können frei neu eingeführt werden, was die Physik bekanntlich auch oft getan hat. Sie stellen sich der Unendlichkeit von Realisatketten also nicht in den Weg.

2.6 Die Idealwissenschaften

Am Anfang des Aufbaus steht dem Willen bzw. dem Handeln das Unberührte gegenüber. Schon gegeben ist aber auch die alltägliche Lebenswelt des Handelnden selber (bei Dingler das »bürgerliche Leben«[30]). Das Rekonstruktionsvorhaben soll ja mitnichten die Existenz dieser Welt erklären, sondern kann sie, da es rekonstruiert, bereits voraussetzen. Es geht darum, zweifelsfrei begründete Aussagen über diese Welt aufzustellen.

Schon auf Grund der unbegrenzten Fülle der Gegenstände der Außenwelt kommen diese als Objekt solcher Aussagen nicht in Frage. Die Wissenschaft, insofern als es ihr um die Aufstellung von solchen Aussagen ('Naturgesetzen') geht, kann sich nur mit Ideen beschäftigen, deren Eigenschaftsmengen endlich sind. Wissenschaft stellt sich dar als das Hineinkonstruieren von ideellen, vollständig beherrschbaren Vorgängen in die Außenwelt. Es werden Teile aus der Welt 'herausgeschnitten', die solche Vorgänge realisieren; Ziel der Wissenschaft ist die Ausdehnung des solchermaßen Rekonstruierten auf einen möglichst großen Teil der Außenwelt[31] und somit letztlich das Voraussagen von Handlungsfolgen.

Ein physikalisches Experiment beispielsweise ist nicht die Beobachtung eines Vorgangs der Außenwelt mit Hilfe von Instrumenten und das Ablesen von Gesetzmäßigkeiten an den Messwerten. Der beobachtete, 'herausgeschnittene' Vorgang und die Instrumentierung bilden eine Gesamtheit; Theoriebildung und Durchführung des Experiments ergänzen sich darin, eine rein ideenbezogene, *idealwissenschaftliche* Theorie so zu realisieren, dass die Messergebnisse mit dem theoretisch Erwarteten zur Deckung kommen.

Auf Grund des genannten pragmatischen Ordnungsprinzips müssen dabei alle Ideen (und auch Vorgänge sind Ideen) irgendwie aus der einfachsten Idee gewonnen werden. Dies geschieht durch sogenannte »Komplikation«[32]: Das wiederholte Kombinieren der bereits gewonnenen Ideen untereinander.

Das Komplikationsverfahren beginnt dabei nach Dingler mit den vier Erscheinungsformen der einfachsten Idee, der des Etwas; jede von ihnen liegt einer Idealwissenschaft zu Grunde. Die Idealwissenschaften decken sich dabei nicht eins zu eins mit den althergebrachten Formal- und Naturwissenschaften. Diese grundlegenden Ideen sind:

- I_1: Etwas Unterschiedenes an sich betrachtet, konstant

- I_2: Ein begrenztes unterschiedenes Etwas betrachtet hinsichtlich seiner Grenze, konstant

---

[30] DINGLER, S. 97.
[31] Vgl. a. a. O., S. 185ff.
[32] A. a. O., S. 126.

- I_3: Etwas Unterschiedenes an sich betrachtet, variabel

- I_4: Ein begrenztes unterschiedenes Etwas betrachtet hinsichtlich seiner Grenze, variabel[33]

2.6.1 I_1: Zahlen

Die Idee I_1 von etwas konstantem, an sich selbst betrachtetem Unterschiedenem bildet die Grundlage der ersten Idealwissenschaft. Realisat dieser Idee ist jedes Etwas, das sich vor einem anderen Etwas abhebt, zum Beispiel ein Punkt auf einem Blatt Papier.[34] Es ist die Handlung, nämlich die des Abgrenzens des Unterschiedenen von seinem Hintergrund, die zu diesem Realisat führt, und selbstverständlich lassen sich beliebig genaue Realisate herstellen; das Kriterium für eine Idee ist also erfüllt.

Durch Komplikation, hier das Hinzufügen einer weiteren I_1, dann noch einer weiteren und so fort, werden Gruppen von unterschiedenen 'Etwassen' gebildet, die Strichzahlen entsprechen. Um sie praktikabel zu handhaben, wird der unendlichen Reihe der Strichzahlen die unendliche Reihe der arabischen Zahlen eineindeutig zugeordnet; hiermit ist die Grundlage der Arithmetik gewonnen, über der ein beträchtlicher Teil der Mathematik aufbaut.[35]

Charakteristisch für diesen Ansatz der Mathematikbegründung ist, dass er weder einen Ursprung der Zahlen in der 'ewigen Natur' noch im menschlichen Geist fordert. Die Zahlen werden aus dem Zählen gewonnen, und das Zählen verlangt die Zählbarkeit des zu Zählenden. Zählbarkeit wird jedoch durch *Zählbarmachung* gewonnen: Dieser Vorgang scheidet zunächst jedes zu zählende Element von seinem Hintergrund und von den anderen Elementen in der auszuzählenden Gruppe und entscheidet bei jedem Element, ob es zu dieser Gruppe gehört oder nicht.

Arithmetik entwickelt sich demnach letztlich aus den Forderungen, die an zählbare Gruppen gestellt werden müssen, damit Zählen erfolgreich gelingen kann: Die Gruppenelemente müssen festgestellt und von den anderen Elementen geschieden werden können; während des gesamten Zählvorganges muss unverändert feststehen, welche Elemente zur Gruppe gehören und welche nicht; auch dürfen währenddessen nicht zwei Elemente verschmelzen oder ein Element sich teilen[36], keine Elemente zur Gruppe hinzutreten oder sie verlassen.[37]

---

[33] DINGLER, S. 114.

[34] Vgl. a. a. O., S. 125f.

[35] Vgl. a. a. O., S. 126f.

[36] Dies mag trivial und übermäßig kompliziert klingen, aber eine Forderung »Die Anzahl der Elemente darf sich während der Zählung nicht verändern« wäre zirkulär und damit zum Scheitern verurteilt.

[37] Vgl. a. a. O., S. 129f.

Die Bedeutung von Dinglers Ansatz liegt darin, dass er hervorhebt, dass die Natur keine zählbaren Gruppen hervorbringt. So naheliegend, wie es erscheint, dass Steine, Bäume, Tiere oder Früchte in ihrem gruppenweisen Auftreten dem Menschen quasi das Zählen vom Himmel fallen lassen, ist es doch erst das menschliche Handeln im aktiven Scheiden der gezählten Objekte voneinander und von den nicht gezählten Objekten, die sie zählbar macht – und wie Dingler an Hand von Wolken, Pfützen und weichen Schneeklumpen zeigt, ist nicht alles Natürliche unmittelbar zählbar zu machen.[38] Gerade letztere Schneeklumpen verlangen buchstäblich menschliches Eingreifen und Abteilen, Abgrenzen (Definieren!), um zählbar zu werden.

Zusammengefasst in Dinglers Worten:

> [Nur] Dinge, die *bestimmte Eigenschaften* haben, [sind] zählbar (...). Dann aber enthält nicht 'die Welt' Zahlen, sondern (...) wir müssen also unter dem in der Welt Befindlichen *eine gewisse Auswahl treffen*, wenn wir zählbare Dinge haben wollen. Machen wir uns die dafür charakteristischen Eigenschaften bewusst, dann ist dies ein Kriterium dafür, d. h. eine *Definition. Diese Definition aber stammt von uns selbst.*[39]

Hier wird der Forderungscharakter des Dinglerschen Definitionsbegriffes in aller Klarheit sichtbar.

2.6.2 I_2: Geometrie

Die zweite Grundidee I_2 nimmt ihren Anfang in der Vorstellung eines konstanten Unterschiedenen, hinsichtlich seiner Grenze betrachtet. Es ist dies die Idee des Körpers und seiner Oberfläche. Durch einengende Definitionen wird daraus die Idee des zusammenhängenden Körpers, der von einer durchgehenden, unendlich dünnen Oberfläche umschlossen wird.

Aus diesem Flächenbegriff soll jetzt eine möglichst eindeutige Fläche abgeleitet werden; dabei handelt es sich um die Fläche, die sich durch vollständige Passung mit jeder anderen solchen Fläche und durch Ununterscheidbarkeit ihrer Vorder- und Rückseite auszeichnet: Die Ebene.[40]

Ein Realisat der Ebenenidee kann durch ein Verfahren hergestellt werden, das bereits in dieser Definition angelegt ist: Das *Dreiplattenverfahren*, das wechselseitige Abschleifen dreier Körper, bis alle drei Schleifflächen untereinander vollständig passen. Auch hier ist wieder unendliche Verfeinerung möglich.

---

[38] Vgl. DINGLER, S. 128f.

[39] A. a. O., S. 129 (Hervorhebung im Original).

[40] Zu genaueren Definitionen hierzu vgl. JANICH, PETER, Zur Protophysik des Raumes. In: G. BÖHME (Hrsg.), Protophysik. Frankfurt, 1976, S. 93ff.

Aus der Idee der Ebene (die sich nach Dingler aus der Idee der Symmetrie entwickelt) und dem Verfahren des Abschleifens lassen sich alle weiteren Ideen, die zur Herleitung der euklidischen Geometrie erforderlich sind, in ähnlicher Weise im Handeln entwickeln.[41]

Wie eben bei I_1 für die Arithmetik gilt auch hier für die klassische Geometrie, dass sie nicht in der Welt gefunden wird. Noch deutlicher als bei der Arithmetik zeigt sich die Entwicklung aus praktischen Notwendigkeiten, denn mit der Herstellung möglichst korrekter Ebenen stehen und fallen nahezu sämtliche materiellen Errungenschaften der menschlichen Kultur. Insbesondere im Maschinenbau ist alle erreichbare Genauigkeit letztlich abhängig davon, wie gerade beziehungsweise plan Werkzeugmaschinenbauteile ausgeführt werden können.[42] Die genügend feine Realisierung der Ebenenidee im Dreiplattenverfahren war Voraussetzung für die erste industrielle Revolution.[43]

2.6.3 I_3: Zeit

Etwas verändertes, an sich selbst betrachtetes Unterschiedenes ist die Grundidee I_3. Das punktartige Etwas I_1 wird hier herangezogen und die einfachstmögliche Veränderung, nämlich eine Bewegung des Etwas, hinzugefügt.

Die nun folgende Herleitung der gleichförmigen Bewegung durch unendlich tiefes Ineinanderschachteln periodischer Bewegungen mit immer größerer Frequenz ist verwirrend und wohl nicht besonders tragfähig (siehe hierzu auch Abschnitt 3.3). Dass sich die gleichförmige Bewegung als die Bewegung definieren lässt, die während jeder Periode einer ideal periodischen Bewegung jeweils die gleiche Strecke zurücklegt, ist akzeptabel; auch lassen sich sowohl gleichförmige als auch periodische Bewegung unendlich fein realisieren und genügen so dem Ideenkriterium.

Die durch eine ideal periodische Bewegung definierte »ideelle Zeit«[44] ist natürlich keiner Relativität ausgesetzt und verhält sich zur relativistischen Zeit wie der euklidische zum relativistischen Raum.[45] Sie ist nichts, das wir aus unserem

---

[41]Vgl. JANICH, Zur Protophysik des Raumes, S. 83–130.

[42]Die allgemeine Theorie der Werkzeugmaschinen entwickelt alle möglichen Bauformen aus den verschiedenen Kombinationen von rotierender oder hin- und hergehender Vorschub-, Zustell- und Arbeitsbewegung. Da jede Drehbewegung gerade Achsen, sauber abgedrehte Lagerbuchsen verlangt etc., mithin Bauteile, die nur mit Hilfe von geraden Bewegungen gefertigt werden können, lässt sich alle Fertigungspräzision auf die Geradigkeit von Bewegungen und damit auf die Ebenheit von Schlittenbahnen, Prismenführungen etc. zurückführen.

[43]Vgl. KATTHAGE, KARL-HEINRICH, Die Herstellung ebener Flächen nach dem Dreiplattenverfahren. Zur Bedeutung von Henry Maudsley und Joseph Whitworth für die Entwicklung der Technik und für die theoretische Geometrie. Technikgeschichte 49 (1982), S. 208–222.

[44]DINGLER, S. 145.

[45]Vgl. a. a. O., S. 142ff.

subjektiven Zeitempfinden heraus entwickeln können, sondern ein Abstraktum, das wir unter anderem nutzen, um dieses subjektive Empfinden zu korrigieren. Wichtig für die nächste und letzte Idealwissenschaft ist, dass für Dingler die Einführung der Zeit die Differenzialrechnung ermöglicht, da sich diese geschichtlich aus der grafischen Darstellung von Bewegungen herleitet.[46] I_3 deckt damit einen weiteren Teil der Mathematik und erste Bereiche der Physik ab.

2.6.4 I_4: Dynamik

Die komplizierteste von Dinglers einfachsten Ideen ist die vierte, I_4, die Idee von etwas variablem Unterschiedenem, betrachtet hinsichtlich seiner Grenze. Herangezogen wird hier eine sogenannte 'Differenzialkugel', eine Kugel mit einem verschwindend geringen Radius ($r = \epsilon > 0$), was durch die eben erfolgte Einführung des Grenzwertbegriffs über die Differenzialrechnung ermöglicht werden soll. Dinglers Differenzialkugel kann man als dem Massepunkt der klassischen Mechanik äquivalent betrachten; der Unterschied liegt darin, dass die Differenzialkugel einen von Null verschiedenen Radius erhält, um zumindest theoretisch realisierbar zu bleiben, da die Idee der Differenzialkugel natürlich auch wieder dem Kriterium der unendlich feinen Realisierbarkeit genügen muss.

Wird nun dieser Kugel neben ihrem Radius eine zweite Eigenschaft m hinzugefügt, so ist es nach Dingler notwendig, dass diese Kugel auf eine eventuelle zweite Kugel eine Wirkung $P = \frac{m_1 \cdot m_2}{r^2} \cdot f$ ausübt.[47] Der Text gibt keine Auskunft, wie genau man zu dieser Erkenntnis gelangt (»Führt man diesen Gedanken genau durch, dann findet man (...)«[48]).

Es handelt sich bei der genannten Formel jedenfalls um ein Anziehungsgesetz, wie es für die magnetische, elektrostatische und gravitationelle Anziehung zwischen Körpern gilt. Der ideelle Anziehungsvorgang, der sich zwischen zwei Differenzialkugeln ereignet, lässt sich wiederum unendlich fein realisieren wie alle Ideen, zum Beispiel durch immer leichtere Drehwaagen mit immer größeren Anziehungskörpern in immer besser evakuierten Vakuumkammern.

Die Dynamik I_4 bildet die Herleitungsbasis für einen großen Teil der Physik. Auch hier gilt, dass sie sich nicht an der Natur ablesen lässt, sondern sich aus der Komplikation von Ideen aufbaut und von uns genutzt wird, da sie nützlich zum Reproduzieren und Vorhersagen von Vorgängen ist.

---

[46] DINGLER, S. 146.
[47] m_1, m_2: hinzugefügte Eigenschaften der beiden Kugeln, r: Abstand der beiden Kugeln (ob Mittelpunktabstand oder Oberflächenabstand, spielt keine Rolle, da der Unterschied zwischen ihnen genauso vernachlässigbar ist wie der Radius der Kugeln), $f = const.$: 'Naturkonstante'
[48] A. a. O., S. 148.

3 Kritik

3.1 Zur metaphysischen Überhöhung des Willensbegriffes

Dinglers Aufwand an Beschreibungen des Willens ist imponierend; Aussagen zu dessen Natur finden sich quer durch das gesamte Werk. § 3 im IV. Kapitel[49] unternimmt sogar den Nachweis des freien Willens dergestalt, dass zu zeigen versucht wird, dass eine vollständige naturwissenschaftliche Voraussage des aktiven Wollens und Handelns einer Person nie möglich sein kann.

Zwar sind dies durchaus faszinierende Gedanken; die Willensdefinition ist insbesondere in ihrer unverkennbaren Anlehnung an die Willensbegriffe anderer Philosophen (der Wille als »sein eigener Geltungsgrund«[50] lässt sofort an Schopenhauer, Nietzsche etc. denken) interessant und der Nachweis des freien Willens wird in der Diskussion mit der modernen Psychologie um die Determiniertheit menschlichen Handelns wieder äußerst aktuell, doch käme Dinglers Wissenschaftstheorie mit der pragmatischen Konstatierung des menschlichen Handlungsvermögens vollends aus.

3.2 Zur Abgrenzung der Idealwissenschaften

Der Sprung von der einfachstmöglichen Idee (des Etwas) zu den Ideen I_1 bis I_4 wird von Dingler an Konstanz vs. Variabilität und an Betrachtung des Etwas an sich vs. Betrachtung seiner Grenze festgemacht. Es ist nicht möglich, diese vier Ideen nach seiner selbst geforderten Methode zu gewinnen, indem man das Etwas schlechthin kompliziert, denn daraus ergibt sich nach Dingler selbst nur die erste Idealwissenschaft.

Lorenz und Mittelstraß spekulieren, dass diese Vierzahl und die Anregung zu ihrer Definition aus Aristoteles entlehnt sein könnte[51] und halten sie für letztlich überflüssigen Ballast. Es stünde Dingler in der Tat gut zu Gesicht, auf den akrobatischen Akt dieses unpragmatischen Übergangs zu verzichten, da er in den folgenden Aufbauten ohnehin keine Rolle mehr spielt.

3.3 Zur Herleitung der Zeitmessung

Dingler glaubt, durch Überlagerung periodischer Bewegungen eine »Urbewegung«[52] produzieren und damit die gleichförmige Bewegung aus der periodischen herleiten zu können. Sein Ansatz erschließt sich mir auch nach längerem

---

[49]Vgl. DINGLER, S. 221-230.
[50]A. a. O., S. 17, siehe auch Fußnote 29.
[51]Vgl. LORENZ/MITTELSTRASS, S. 38f.
[52]DINGLER, S. 145.

Nachdenken nicht ganz; dass er untauglich ist, wurde in der Literatur bereits nachgewiesen.[53]

Sofern ich Dingler auch nur annähernd richtig verstanden habe, soll das unendlich verschachtelte Einbeschreiben periodischer Bewegungen von Punkten auf einer Strecke ineinander letztlich dazu führen, dass beim Absehen von den Bewegungen in einer Richtung die Bewegung der Punkte in der tiefsten Schachtelungsebene einen unendlich dichten, gleichförmigen Punktestrom auf der Strecke ergibt. Dies scheint mir jedoch bereits die Gleichförmigkeit der periodischen Bewegungen in sich zu verlangen und wäre damit zirkulär.

Auch genügt diese Idee wohl nicht Dinglers eigenen Kriterien, da jedes weniger als vollkommene Realisat diese Gleichförmigkeit noch nicht an den Tag legt. Vollständig realisierbar dürfen Ideen jedoch gar nicht sein (unbegrenzte Fülle!) und können es selbstverständlich auch nicht.

3.4 Zur Herleitung der Dynamik

Ebenso unhaltbar ist auch der Übergang zur Dynamik. Es ist durchaus möglich, sich eine einfachere Beziehung zwischen zwei durch ihren Abstand und je eine skalare Zusatzgröße m bestimmten Punkten zu denken als eine Anziehung proportional $f \cdot m_1 \cdot m_2$ und umgekehrt proportional zum Quadrat des Abstandes r, nämlich beispielsweise eine lineare Bewegung aufeinander zu mit konstanter, $m_1 \cdot m_2$ (o. Ä.) entsprechender Geschwindigkeit, sofern r kleiner ist als ein Mindestabstand r_{min}[54].

Schwerer wiegt noch, dass diese Herleitung der Dynamik den Begriff der trägen Masse nicht ohne weiteres liefert.

3.5 Fazit

Dinglers Wissenschaftsmodell würde auch ohne die 'vollbegründete' Grundlegung in den Idealwissenschaften seine Gültigkeit behalten. Es reichte dazu aus, die pragmatische Bewährung einer Theorie als ihre Daseinsberechtigung zu akzeptieren, statt ihre Grundlegung im Aufbau über der Idee des Etwas zu fordern.

Während I_1 und I_2 überzeugende Grundlegungen zu Arithmetik und klassischer Geometrie bilden, müssen die Ansätze in I_3 und I_4 grundlegend überdacht

---

[53]Vgl. LORENZ/MITTELSTRASS, S. 52, dort auch Fußnote 122.

[54]Magnete auf einer nicht reibungsfreien Unterlage zeigen ein ähnliches Verhalten. Dass Theorieansätze mit solchen Schwellwerten schon ernsthaft gedacht wurden, zeigt sich beispielweise in der mittelalterlichen Vorstellung, eine Kanonenkugel flöge nach dem Abfeuern zunächst auf einer geraden Linie und fiele nach einer gewissen Strecke bzw. bei Unterschreiten eines gewissen Impetus senkrecht zu Boden.

werden. In der z. B. bei Lorenz und Mittelstraß angeführten Literatur ist dies auch bereits geschehen.

Literatur

Dingler, Hugo: Die Ergreifung des Wirklichen. Kapitel I-IV. Frankfurt am Main: Suhrkamp Verlag, 1969

Janich, Peter: Zur Protophysik des Raumes. In: **G. Böhme (Hrsg.):** Protophysik. Frankfurt, 1976, S. 83–130

Janich, Peter: Logisch-pragmatische Propädeutik. Ein Grundkurs im philosophischen Reflektieren. Weilerswist: Velbrück Wissenschaft, 2001

Katthage, Karl-Heinrich: Die Herstellung ebener Flächen nach dem Dreiplattenverfahren. Zur Bedeutung von Henry Maudsley und Joseph Whitworth für die Entwicklung der Technik und für die theoretische Geometrie. Technikgeschichte 49 (1982), S. 208–222

Lorenz, Kuno/Jürgen Mittelstraß: Die methodische Philosophie Hugo Dinglers. In: Hugo Dingler: Die Ergreifung des Wirklichen. Frankfurt am Main: Suhrkamp, 1969, S. 7–55

Philosophisches Archiv der Universität Konstanz: Bestände: Sammlung Hugo Dingler. ⟨URL: http://www.uni-konstanz.de/FuF/Philo/philarchiv/bestaende/Dingler.htm⟩ – Zugriff am 2003-09-03

Stadt Aschaffenburg: Menschen: Hugo Albert Emil Dingler. ⟨URL: http://www.aschaffenburg.de/wDeutsch/tourismus/menschen/details/dingler_hae.php⟩ – Zugriff am 2003-09-03

Philipps-Universität Marburg, FB 03 (Institut für Philosophie); SS 2003
PS: Warum passt die Mathematik auf die Natur? (Prof. Dr. Peter Janich)

Handreichung zum Referat zu: Hugo Dingler: Die Ergreifung des Wirklichen[1]

Matthias Warkus, 17. Juni 2003

1 Biografische Notiz

Hugo Dingler: 1881 in München geboren; studierte in Erlangen, München und Göttingen Mathematik und Physik; lehrte ab 1920 in München; Ruf an die TH Darmstadt 1932; musste seinen Lehrstuhl dort 1934 aus politischen Gründen aufgeben; danach in München lehrbeauftragt; 1954 dort verstorben. »Die Ergreifung des Wirklichen« erschien 1955 posthum und gilt als Zusammenfassung seiner Lehre.

Obwohl Dingler als einer der Väter des Konstruktivismus und Begründer der methodischen Philosophie Erlanger Schule gilt, gehört er zu den weniger gewürdigten Philosophen des 20. Jh. Dies hängt eng mit seinen, aus welcher Motivation auch immer, nationalsozialistische bzw. antisemitische Positionen (z. B. »Deutsche Physik«) vertretenden Schriften nach 1934 zusammen.

2 Zielsetzung

Dinglers Ziel ist es, zu *vollbegründeten*, d. h. absolut bewiesenen Aussagen zu kommen. Es geht um Beweise, die »überhaupt keinen Raum für irgend einen Zweifel mehr übrig [lassen]«[2]. Hierzu müssen Aussagen Ergebnis eines methodisch geordneten *Aufbaus* sie gründender Aussagen sein.

Dieser Aufbau beginnt in der alltäglichen Lebenswelt. Es geht nicht darum, an dieser Welt irgendwelche Gesetze abzulesen oder über ihre Existenz oder Nichtexistenz, Materialität oder Idealität nachzudenken, sondern um das Hineinbauen reproduzierbarer Formen in die Welt, um sie vorhersagbar und beherrschbar zu machen.

2.1 Pragmatische und logische Ordnung / Aufbau

Das *Prinzip der pragmatischen Ordnung* (PpO) verlangt im Handeln, dass Handlungen einander so folgen müssen, dass keine Handlung etwas voraussetzt, was durch sie erst geleistet wird. Da auch das Machen einer Aussage eine Handlung ist, enthält das PpO das *Prinzip der logischen Ordnung* (PlO): keine Aussage darf sich in einer Aussage gründen, die aus ihr erst hervorgeht.

PpO und PlO fordern also die *Zirkelfreiheit* jedes Aufbaus. Es handelt sich bei ihnen wohlgemerkt nicht um Gesetze, die eines Beweises bedürften, sondern um Forderungen an das Vorgehen, also letztlich um Handlungsanweisungen.

Aus den Prinzipien ergibt sich, dass ein vollbegründeter Aufbau nicht irgendwo in der Lebenswelt beginnen darf, sondern seinen Anfang an einem Punkt nehmen muss, an dem noch gar nichts behauptet wird (*Voraussetzungsfreiheit*): an einem Nullpunkt.

3 Handeln, Ich und Unberührtes

Voraussetzung für den Aufbau ist die Feststellung, dass wir unmittelbar, d. h. aktiv, handeln können. Handlungen sind *unhintergehbar*: wir können immer nur eine

---

[1] DINGLER, HUGO, Die Ergreifung des Wirklichen. Kapitel I-IV. Frankfurt am Main: Suhrkamp Verlag, 1969.
[2] a. a. O., S. 64.

1

Handlung zugleich ausführen; in dem Moment, in dem wir sie betrachten, wird sie Objekt, passive Handlung. Eine aktive Handlung kann niemals Objekt sein. Die momentan ausgeführte aktive Handlung definiert das *Ich* als Handlungszentrum und gibt uns das *Jetzt* vor. Wille und aktiver Handlung als unhintergehbarem Fixpunkt steht das Unberührte gegenüber, das aus allem besteht, was nicht Ich und was nicht aktive Handlung ist.

3.1 Das Unberührte

Das Unberührte ist die Gesamtheit des (Fremd-)Gegebenen, die dem handelnden, wollenden, aktiven Ich gegenübersteht. Schon von ihm als einer Außenwelt zu sprechen, die wahrgenommen wird, ist illegitim, denn die Trennung zwischen Innen- und Außenwelt[3] sowie das Konzept eines wahrnehmenden Subjekts, dem eine wahrgenommene Realität gegenübersteht, sind bereits Konstrukte.

Das Unberührte wird nicht wahrgenommen, sondern im einfachen Bewusstsein (»ohne geistige Zufügung«[4]) und im aktiven Handeln *gehabt*.

4 Ideen und Realisate

Eine Idee ist etwas Geistiges, was nicht in dieser Form erlebt werden kann. Alle Allgemeinbegriffe gehören dazu; wir verwenden stets und ständig Allgemeinbegriffe.

Ideen lassen sich im Handeln an Objekten *realisieren*, zum Beispiel die Idee der Ebene durch Anschleifen eines Gegenstandes mit einer anderen Ebene bzw. ohne Vorlage durch wechselseitiges Abschleifen dreier Gegenstände bis zur Passung aller drei untereinander (Dreiplattenverfahren). Jede Idee liegt einer unendlichen Reihe möglicher, immer genauer werdender Realisate zu Grunde. Vollkommen realisiert werden kann eine Idee nie. (*Prinzip der konvergenten Genauigkeit*)

4.1 Der Nullpunkt: Die einfachst möglichen Ideen

Die einfachste, weil durch keine besonderen Bestimmungen bestimmte Begriff ist »Etwas«. Es ist dies gleichzeitig die einfachste Idee überhaupt.

Durch Hinzufügen möglichst einfacher Bestimmungen ergeben sich die vier verschiedenen Formen der Idee des Etwas: I_1: etwas Unterschiedenes an sich betrachtet, konstant; I_2: ein begrenztes unterschiedenes Etwas betrachtet hinsichtlich seiner Grenze, konstant; I_3: etwas Unterschiedenes an sich betrachtet, variabel; I_4: ein begrenztes unterschiedenes Etwas betrachtet hinsichtlich seiner Grenze, variabel.[5]

Alle *Idealwissenschaften*, das heißt, alle Wissenschaften, deren Aufbau rein aus Ideen besteht, lassen sich nun nach dem PpO/PlO vollbegründet aus diesen ableiten.

5 Die Idealwissenschaften

5.1 I_1: Zahlen

»Etwas Unterschiedenes an sich betrachtet, konstant« ist als Realisat zum Beispiel ein möglichst kleiner Punkt oder ein Strich auf einem Blatt Papier. Durch wiederholtes Kombinieren dieser Idee mit ihrer selbst (sogenannte *Komplikation*) kommen Ideen von Strichzahlen zu Stande, und aus diesen letztlich die sogenannte *ideelle Arithmetik*, die sich mit dem alltäglichen, unfundierten Zahlengebrauch (z. B. im Zählen) einigermaßen deckt.

---

[3] Zur Innenwelt gehören alle Objekte mit begrenzter, zur Außenwelt alle mit unbegrenzter Fülle, d. h., alle Objekte, die unter immer anderen Umständen immer neue Details zeigen.
[4] DINGLER, S. 81.
[5] a. a. O., S. 114.

2

Das Zählen von Gegenständen stellt an die *zählbare Gruppe* von Gegenständen, die gezählt werden, verschiedene Anforderungen, was die Diskretheit der Elemente und die Abgegrenztheit der Gruppe angeht. Zählbare Gruppen liegen nicht in der Natur vor, sondern sind Realisate: die Auswahl von Gegenständen zum Zählen ist eine Handlung, die eine solche Gruppe erst schafft. Die 'natürlichen' Zahlen sind also mitnichten natürlich – sie sind einerseits Produkte ideenschaffenden Handelns und andererseits werden sie im Zählen auf andere solche Produkte angewandt.

5.2 I_2: Geometrie

»Etwas Unterschiedenes überhaupt, betrachtet hinsichtlich seiner Grenze, konstant« realisiert sich als ein irgendwie gearteter *Körper*. Die Betrachtung dieser Grenze, seiner *Oberfläche*, führt zum Flächenbegriff; der Versuch, eine möglichst eindeutig reproduzierbare Fläche zu gewinnen, führt zur Ebene (Dreiplattenverfahren!); hieraus entwickelt sich die gesamte euklidische Geometrie.

Geometrische Figuren kommen in der Natur nicht vor. Als Antrieb zur Entwicklung der Geometrie sieht Dingler das Verlangen des Menschen, Reproduzierbares zu schaffen, was Symmetrie fordert. Die euklidische Geometrie (und nur diese!) entwickelt sich aus der Idee der *Symmetrieebene*.

5.3 I_3: Zeit

»Etwas Unterschiedenes überhaupt an sich selbst betrachtet, veränderlich« ist in seiner einfachsten Form ein sich gleichförmig bewegender Punkt, da die Bewegung die einfachste zusätzliche Bestimmung ist, die sich dem Punkt (dem Etwas) hinzufügen lässt. Hieraus ergibt sich die Idee der *periodischen Bewegung*; durch Ineinanderschachteln immer höherfrequenter periodischer Bewegungen die Idee der 'Urbewegung', die sich zur Zeitmessung eignet.

Auch hier gilt, dass wir nicht etwa an Hand unseres inneren Zeitgefühls, das aus dem Nacheinander-Handeln entsteht, einen Zeitbegriff schaffen; wir schaffen uns *Zeitmaße* in Annäherung an die Idee eines absolut gleichmäßigen Vorgangs und ordnen unser inneres Zeitempfinden nachträglich rational entlang dieser Zeitidee.

5.4 I_4: Dynamik

»Etwas Unterschiedenes überhaupt betrachtet hinsichtlich seiner Grenze, variabel« realisiert sich im einfachsten Falle als Anordnung zweier Kugeln (Körper, die allein durch ihre Ausdehnung bereits bestimmt sind), die sich zueinander bewegen. Einfachste Bestimmung dieser Bewegung ist ein *Anziehungsgesetz* analog zum Newtonschen Gravitationsgesetz.

Fallversuche und viele andere physikalische Anziehungsversuche sind Realisate dieser Idee: Gegenstände werden derart arrangiert, dass eine Bewegung ihrer zueinander zu Stande kommt, die diesem Gesetz entspricht. Dass wir unsere Physik auf I_4 aufbauen, liegt daran, dass I_4 sich vollständig ideell begründen lässt. Ganz gleich, wie unsere Lebenswelt aussieht, wir sind, um vollbegründete Wissenschaft auszuüben, gezwungen, unsere Dynamik in I_4 zu fundieren.